Logopedia

NANNE TIMMER

Logopedia

bokeh ✳

Primera edición en Bokeh, 2012 (Antwerpen: Bokeh)

© Nanne Timmer, 2012, 2018
© Fotografía de cubierta: W Pérez Cino, 2012, 2018
© Bokeh, 2012, 2018
  Leiden, NEDERLAND
  www.bokehpress.com

ISBN 978-94-91515-85-9

Di la verdad.
Di, al menos, tu verdad.
Y después
deja que cualquier cosa ocurra:
que te rompan la página querida,
que te tumben a pedradas la puerta,
que la gente
se amontone delante de tu cuerpo
como si fueras
un prodigio o un muerto.

H Padilla, Poética

Uno

Ouverture

Cinco carámbanos en frigo callan,
hay silencio y la espera reina.

Blanco es suyo,
la puerta al blanco
titánico se abre.

Espalda en la pared, y
deja caer sin miedo.
Hombros dulces encuentran
camino, los dedos susurran,
y el brazo indica.

Talones con cautela,
pies helados, dedos pálidos.

Ella saborea pasos en blanco
dirección horizonte.

Cuerpo sentado, también suyo,
su color favorito envuelto en oro.

Ahora,
como nunca antes:
ir hacia delante.

Y vuelta

Chocolate espeso, barruntó.
Me tiró la mesa
encima, el boleto de tren,
y su desprecio.

No sé si el brazo roto
o cráneo fracturado,
escupidera.

Puede doler la lluvia, sí,
si te la tiran. Suelo
escuchar el frío, allí,
susurrando silencios,
labiorrota.

Pero me gustan las cabezas
con té y hablando.
siempre que haya respiración,
claro, eso sí, y que regresen.

Que si quería chocolate, que si yo.

Encuentro

Balas de ilusión, balas de desesperanza.
Tú disparas. Yo no. O sí. O no.
Deletrea sonido, habla música.
Aprieto los huesos de tus palabras,
pincho los ojos de tu deseo,
atravieso. O sí, o no, yo disparo y tú en cambio.

La tercera mujer

Un nuevo rostro me miraba.
La tercera mujer se sentó a su lado.
Yo pagaba el café, ella el almuerzo.

Caía
         silencio

Ella miraba. Él miró en el aire, yo hacia un lado.
No había habido baile todavía. Dos palabras se atraparon
entre las ruedas:

¿Y tú?

Acariciaba su brazo, ella, buscaba afirmación. Él felicidad.
Su brazo era precisamente ese intermedio.

La tercera mujer fui yo. Miré hacia un lado, ella también,
a él.
Él le tocó la mano, la miró a los ojos, su café, y a mí de
soslayo.

Señorita, su hora de embarque.

Danza invisible

Susurra un cuerpo
allí donde nudillos pisan.
Allí donde corretean dedos,
una blusa cruje.
Ella llama. A tirones largos,
tiene también manos, ella.
como un torbellino minúsculo
repta curvando líneas,
espiralea ecos.
Da una palmada. Y otra vez
corren sus pies hacia delante.

En algún lugar sopla un pantalón,
allí vive el alma

Se despliega el pecho, un tono, todo
se abre en la voz.

Dos

Balbuceos

Palabras gotean sobre el vidrio
mojado, tú dices ojo, yo digo té.
Ella te lleva vendado al cine
y yo que reclamo balbuceos
pronuncio pájaro. Pájaro.
Parpadean al viento, párpebras,
palabras, bicicletas recién sacadas,
tormenta por haber. Anochece,
y tus palabras se deslizan
sobre mi piel, y caen
caricias, que saben a fruta
tejida en naranja, tú a tabaco y miel.
¿Atreverse a hablar palabras líquidas,
a decirnos pájaro o arena
sin que sus nombres nos congelen?

Mar y muerte

Máscara de algas, de regaliz
el pelo y los dedos terciopelo,
traje de medusa. Afuera.

Miro y no te veo. Aquí me metieron.
No fue ésta mi vida ni este cuerpo el mío.

Quiero matarme, yo a mí tan muerta como tú.
Cuando acudan los cangrejos
será ésta sin vuelta mi noche.

Sobre mis hombros frotas oscuridad,
y me descamas. Adentro conmigo, busca
con tus ojos negros el hálito,
aquella sombra que ya no está.

Ojos para ti

Bandadas de estorninos,
y todas esas plumas
mojadas en lagos de tristeza.

Sollozos y traguitos tiemblan,
se buscan en aires de
consuelo suave.

Quiero hacerte gafas
de membrana, para que veas
las aves,
que sabrías hacer bailar
en juego y llamitas.

Todo cambió sin tu mirada.

Tres

Física

Células, capítulo uno:

En los bordes
de tu piel la vida empieza.

El torcimiento del espacio,
la duda   de tu vértebra,
una curva, de aquí
a la luna y de vuelta.

Tener el tiempo, hacerse
del tiempo, todo
en torno a eso, el sol.

Palabras pospuestas

Las palabras del martes brotan
en verde, una vez arrancadas
del silencio que las inhibe. ¿Y si son
del miércoles? Anunciándose
con labios gruesos, boca grande,
desafiantes, se dejan masticar.
El martes gargantea, escupe
las ganas de hablar. Sin cuerdas,
sin voz del miércoles, sin su momento,
imposible. Mirada tartamuda, pie cojo,
caballero andante, vos, y yo,
sólo voz, basta de tanto yolleo.
Hablo, cito, recito, canto
para abrir bocas, echo
sílabas, vocales del domingo:
Es-tu-pe- fac- ta, es- tá- ti- ca.
todo tú aquí delante.
ta- fel- la- ken, kle-ding- kist,
¿qué decir que ya no sepas
del día ese que aprenda a hablar?

Abril en Anna Paulownaplein

Una bici roja me dice que empezó la tarde, en primavera.
Una barriga que pedalea despacio, rostro de albañil.
Camiones alborotan, y yo
tiendo a melocotón, a mediodía.

Borrado uno.
Mujer naranja corretea, tacones, ella, bolso en mano.
Piel aún cohibida.

Borrado dos
Gemelos que ríen, buenos genes,
todavía cosas que contar

Borrado tres.
Ella trenza teñida, zapatillas,
On travaille, carga su vida como si nada.
Abuela en pelo, ella transparente,

Todas las fotos que no tomé,
rostros que no capté,
miradas que perdí.

Es peligroso, fumar.
Es peligroso
que se evaporen las imágenes,
que se disipen los recuerdos.
Es peligroso, fumar.
Es peligroso.

Mi prima Vera

Allí pasa
pavo real y cascanueces, ella,
crujiendo notas musicales,

tan ligera,
abriendo palabras que hormiguean
las sienes por la ciudad.

Líneas,
dibujos de jazz en el aire,
pasos y Fred Astaire. Llueven
canciones por la avenida.

Burbujas
bailan en las mejillas:

brrpapá,
brrpapá,
papa,

una historia de esa niña, esta mujer.

Sonidos mimados van descosiendo
silenciosas palabras de la piel.

El espacio borbotea, todo brota
hacia afuera,

hacia arriba
y tan lindo, tan.

Eén steen

Einstein, zweistein, dreistein,
pedra no caminho, piedra, stein.

La voz capturada

Capturada la voz, al fondo.
Las vértebras le tienden escalera para subir.
No va. Respiración decide intervenir.

La lleva de la mano por el vientre,
por diafragma, y por el pecho,
van en dirección garganta.

Boca también recibe, de regalo,
una que abre y cierra, y redonda.
Puede hablar ahora, ella,
puede todo lo que quiera.

Enchaquetada va su primera palabra,
de marrón oscuro, y falda azul.
Palabras salen, disfrazadas,
otras desnudas, sin vestir,

pasarela de palabras, perchas
vacías donde quepan: barajarlas
sobre el suelo donde alguien
sepa probárselas o acaso digerir.

Restos

La espera rojo cadmio,
el párpado cae al vacío.
nada, veo.
mojado, me dicen tus ojos.
lágrimas que reflejan casa,
puertas que prefiero detrás.
no entres, me dices.

Doy un paso y tú ves telarañas,
dedos callados, temor. Madre
viene con amargura, no quiere
ver, no quiere mirar,
no a través de cinco vasos.

Vino no, dices,
no anestesia para el hoy.
cristales rotos, tragos,
demasiado tarde,
pastillas para después.

Respiro debajo de la mesa.
cierra puertas y masculla,
escucha como con seda suave él
le susurra a ella
palabras lindas, dulce deseo,
en forma de alta traición.
al lado de su sillón, los restos

de rodillas que buscan tierra firme,
rojo cadmio, y si existieses a mí
me buscaría amisamí en ti.

Gato encerrado

Gato encerrado,
dijo él, tres pelos y una historia
la nariz hacia delante
un cambio de registro
gato manso, dijo
como quien no quiere la cosa
trastornado de mente
orejas levantadas
la vista hacia el horizonte
es algo que hay que ver.
no puedo con la tontería ya
ni la idiotez, ni el ruido.
apenas soporto la radio,
y a un gato sólo si supiera cantar.

gato elefante, lo llamaría él
sin yo poderlo apreciar
me mostraría tarde
color pardo, de la tierra
ojos hondos, pelo negro.
Higo chumbos, pinchos,
hojas. Y pasos en la tierra.
Piedras van dejando huellas
de olor pantano. Uno, dos,
tercer zapato, en camino,
hojas blandas. Dirección futuro
me señala con ojos que saben

más que mente. Si tú supieras,
no me mirarías. Así, por lo menos no,
no así. Mírame más tiempo.

Tiempo

Anillos anuales bajo cabellos blancos,
máscara de arcilla para saltarse algunos años luz.

Itinerario arrugado de la vida,
tiempo lejano, espacio perdido.

Una neblina traslúcida de olvido
que acaricia su presente.

Mañana estará sin yo,
un eje axial en el vacío.

Vértebra doblada en abrigo,
una curva sin texto, sin relato,
sin memoria.

Cuatro

Afuera

Puntas muertas en la lluvia y el viento que se estira
Mechones de pelo se funden con la piel.
¿Al final existirá algo así como la Historia?
Secuencias de estrellas que vienen y se van.
Por la mañana bien temprano parte una,
me pierde de vista. El mundo vacío.

¿Dónde está el afuera?

Debería haberme puesto los zapatos.

La ciudad sepultada bajo el aire;
casas y farolas tan verticales, cortinas
abiertas, ventanas tan cuadradas,
piedras silenciosas sin pasos, y
tantas puertas sin abrir.

Sólo la sombra de una nube
recuerda que existe el tiempo.

Aquí sólo tu cuerpo, ciudad,
pero ¿adónde fuiste tú,
dónde el afuera?

Avenidas invisibles recorren un alma
que bien podría ser la tuya
allí por pedacitos de piedras, caminos.

Poses de personas, tantas, congeladas,
articulan sin voz, dicen estar vivas.
Dedos que resbalan por tu piel,
y tú, a quien intento apretar en el aire que me toca
la mejilla, tú, me escapas. Todo aquí se me escapa,
acaso como el tiempo que a las ocho
de la mañana viene a avisarme que se fue.

Sin aviso

Voces sin perdón, bolsas de plástico,
escalas de sinrazón, partituras de la muerte.
No más de ella, y otra vez,
allí está, sin avisar, garganta raspada, voz
atragantada, tú
inmóvil, ojiabierto,
pasmado, con jugo de naranja,
zapatillas clavadas en la piedra.
Cordones atados del ayer.

Ganas de arrancarte el mañana,
tú sin piel pero con porvenir.

Tus recuerdos rizan alrededor de tu dedo anular.
Tus pestañas ven que no.
Aire.

Ella sin saber,
ella sin llamar,
ella diciendo mares.

Su pelo, cuchillos afilados,
y un adiós,
ella viéndolo todo.

Línea 4

Ocupaciones ocultadas
en su casa, su corazón,
su sótano.

Destrozos putrefactos
en su sopa, su plato,
su relente.

Línea 4, empapada,
y bultos de
gente.

Ella se para, se gira,
y pedalea unos años
casa atrás.

Ver llegar la tarde

Para estos campos se ve solo,
demasiado sol le ha dado.
En los vasos de la luz, vio llegar
la tarde. Tarde, dijo,
y encendió la hoguera,
pestañeo ligero, sonrisa pudorosa,
manos en el pan. Tres millones
de euros. Para ahorrar,
despilfarro, llamas, fresas por comer,
Escasez y tus esfuerzos.
Perras, billetes, dedos sin contar.
Materia deslizada, pensamiento al azar.
¿Lo viste? Amenaza la tarde.
Tarde, dijo y encendió la hoguera.
Lo sé de primera mano.

Noche

Debajo de piedras duerme la noche.
Ingenuos pasos la trepan.
Ellos, sin fuerzas, ni visión, ¿para qué?
Si lente lleno de polvo, si tanteo
y ojo húmedo. No querer verla de frente,
enferma, miedo que barrigas llenas de agua
se cuelen entre la felicidad. Cinco
dedos azules encima de la sábana.
Ella se fue, yo no siento
la puerta cerrada.
Pliegues de piel se tapan.
Un vaso de flores mira
pared amarilla, yerro en el techo.
Ella callada y yo en cambio
la pido de vuelta, pero con dientes.
Dale, hazlo pero ya de una,
la corriente que se traba tantas veces y yo
dejo un pie en alto, de día. Me quiero mojar,
no bienamada, no inteligente,
sino total y absoluta y como sea bajo agua,
porque la corriente se traba a veces
y entonces no sé cómo, ni dónde, ni cuándo
ni izquierda, derecha, si a secas o a solas,
porque la corriente se traba demasiadas
veces la corriente se traba a veces.

Logopedia

Pequeña palabra de odio entre labios liberados. Dos signos de puntuación para que veas mi pestañeo. Como si. Ni siquiera como. Analfabeta, mira como crecen mis pupilas, para que sepas qué hora es. Mira como una de mis cejas dibuja líneas, como mi boca pone punto a tu torpeza. La mujer de siempre llama otra vez y reclama tus ganas, tu deseo y tu gabán. Tu respondes a su reír. Yo amable, eso sobre todo. ¿Qué harías tú si? Digo yo. ¿Qué tú? Sus medias a diario. Tus ojos que tapan mi mudez. ¿Qué pensarías de un rodillazo en los huevos? Tu mano en sus nalgas. Yo la mujer que dice no, con labios liberados. Sería la primera vez.

Huella

Ahora que la tormenta desplaza tu sonrisa
en caricia de olvido, su pelo sobre el tuyo,
ahora que sus arenas confusas se coagulan
sobre ti o en mí, que ya eso no distingue:
ahora, todavía, ando preguntando si fui real
ahí entre tu paciencia y la cocina, si tus manos
acaso podían soportar, si es que tus ojos
querían ver. No
si tus cortinas se hacen ventolera, no
si no sabes el camino. Sólo si logras
ver tu huella aquí en mi deseo, tú.

Poema en la calle

Pantalón gris, jersey morado. Perderme. A mí. Ojos por todas partes. ¿Me decidiré al desayuno? Las nueve de la mañana, y la ciudad somnolienta. Voy en bici en busca de café. Por accidente dejo caer un poema. No será recogido nunca. El día demasiado joven. El amor demasiado largo. Sencillez. Yo y él, sin peso, sin rutina. Palmeras chilenas, ella, una mujer especial, poemas por recoger. Se disipan entre las ramas. Una boca llama para decirme tú, nunca me dijeron tú. Deseo egocéntrico y mirada. ¿Alguna vez pasaste de allí? No soy césped, no soy cemento, piernas y pies, cuando me atropellaron en invierno sin voz. Y ojos mirando, al papel, a ti, a los bordes de ti, de mí.

Cinco

Vestido de palabras

El bordillo de tu ser tejido con palabras.
Sílabas endurecidas, bien pegadas,
frotas y restriegas. Pones vocales al remojo,
consonantes enjabonadas, para ver si difuminan.
Salen, van y se despegan. Queda
al borde de un algo: una nada,
desnuda sin lenguaje, tú o yo.

La hora se acerca

Y si la hora se acerca
cuando haya olor a orquídeas,
cuando las astillas te pinchen la piel.

y si
la hora se acerca
y tú sin venir.

y si
y si

Si me da por morirme hoy,
pienso prepararme un arroz con tomate.

la hora que se acerca,
la hora en el ahora
ahora.

Gravity

Man of the lost Island,
brains packed in lingua franca,
broken lips.
A pencil, a formula,
light. Fotons, atoms,
molecules of tea on his cheek.
Summer in his eyes as he
discovers, cuando descubre...
Gravity in his hand,
an armchair, Mileva with
a suitcase. Where to go?

Mileva

Need for solitude,
violins independence day.

Mileva, all tuned,
deseo dejado en casa, in balans.

Music and chords still moving,
como ir en bici, just keep on.

Él oye en ella su propia voz, y
silencio. How to balance.
E-string tones and science. Cuestión
de equilibrio, matters of gravity.

Mileva, just hold on.

Wonder

Una foto quedó
a un rostro de distancia.
Un laboratorio, una mesa
y no cuerpo moviendo
un brazo, un hombro
a unas cuantas dudas de distancia.

A tres dedos de distancia una
mano congelada
en tanto deseo,
un alma moviéndose hielo a través.

Viaje solitario, ya no más.
A una cortina de distancia su autopsia.
Ojos congelados que analizan un cerebro,
para saber, para entender.

A dos misterios de distancia
está la vida. Sin respuestas,
duda tímida. Un milagro, un genio,
a sólo un pie de distancia. Vida.

Calma

Una pared y una línea fina de sombra helada se dibuja en
el portal.
Piedras, nada, sonido.
Nunca le había picado una abeja.
Quiero llenarle el vacío de poemas aguijón
y sus ojos con metáforas,
Pero ¿sabes lo que dices? me pregunta,
el perro me mira con asombro. Cuando miro de vuelta,
se le mueve el rabo.
A veces todo se detiene. Como si también los sonidos se
hubieran vuelto estáticos. Me gusta el tren de las ocho y
media de la mañana. Semidespierta. Un sol que me ciega.
Me obliga a cerrar los ojos como si quisiera darle calma
al paisaje. Esa calma que sólo hay cuando no hay mirada.
Tarde, vi el rocío, morado. Lo vi, justo antes que se hiciera
de día.
A veces siento la necesidad de convertir el fue en un fuese,
bien indefinido, no fait accompli.
Un autobús va como si fuera de vacaciones,
otra manera de rodar, tampoco fait accompli.

Dadá, una vez más

Y me pregunté si Serge había vuelto
a pensar en Dadá. Quizás haya perdido el camino.
Treinta y cinco calles más allá, yo también
hablé con los perros románticos, pero para entonces
ya tenía treinta y nueve. Me dijeron: déjalo todo.
Olvida a Serge y a Dadá. Hazlo de nuevo.
Los perros románticos en el acantilado,
los caminos oscuros y la locura a la vuelta de la esquina.
Al borde del abismo vi mis chancletas. Dos.
Ups. My feet went ups, cantó Ella.
Yo viendo mis chancletas y –como dije– para aquel entonces
ya tenía treinta y nueve. Now, baby or never, cantó Billie.
¿Ruido o sonido? Mis chancletas de cuando tenía veinte.
Guilty of loving you, les canté yo a los perros románticos.
Todo es como es, quizás hasta el vértigo encaje.

Catálogo Bokeh

ABREU, Juan (2017): *El pájaro*. Leiden: Bokeh.

AGUILERA, Carlos A. (2016): *Asia Menor*. Leiden: Bokeh.

— (2017): *Teoría del alma china*. Leiden: Bokeh.

AGUILERA, Carlos A. & MOREJÓN ARNAIZ, Idalia (eds.) (2017): *Escenas del yo flotante. Cuba: escrituras autobiográficas*. Leiden: Bokeh.

ALABAU, Magali (2017): *Ir y venir. Poesía reunida 1986-2016*. Leiden: Bokeh.

ALCIDES, Rafael (2016): *Nadie*. Leiden: Bokeh.

ANDRADE, Orlando (2015): *La diáspora (2984)*. Leiden: Bokeh.

ARMAND, Octavio (2016): *Concierto para delinquir*. Leiden: Bokeh.

— (2016): *Horizontes de juguete*. Leiden: Bokeh.

— (2016): *origami*. Leiden: Bokeh.

— (2018): *El lugar de la mancha*. Leiden: Bokeh.

— (2018): *Superficies*. Leiden: Bokeh.

AROCHE, Rito Ramón (2016): *Límites de alcanía*. Leiden: Bokeh.

BLANCO, María Elena (2016): *Botín. Antología personal 1986-2016*. Leiden: Bokeh.

CABALLERO, Atilio (2016): *Rosso lombardo*. Leiden: Bokeh.

— (2018): *Luz de gas*. Leiden: Bokeh.

CALDERÓN, Damaris (2017): *Entresijo*. Leiden: Bokeh.

CONTE, Rafael & CAPMANY, José M. (2018): *Guerra de razas. Negros contra blancos en Cuba*. Leiden: Bokeh, colección Mal de archivo.

DÍAZ DE VILLEGAS, Néstor (2015): *Buscar la lengua. Poesía reunida 1975-2015*. Leiden: Bokeh.

— (2015): *Cubano, demasiado cubano. Escritos de transvaloración cultural*. Leiden: Bokeh.

— (2017): *Sabbat Gigante. Libro primero: Hojas de Rábano*. Leiden: Bokeh.

— (2018): *Sabbat Gigante. Libro segundo: Saigón*. Leiden: Bokeh.

— (2018): *Sabbat Gigante. Libro Tercero: Rumpite Libro*. Leiden: Bokeh.

Díaz Mantilla, Daniel (2016): *El salvaje placer de explorar*. Leiden: Bokeh.

Fernández Fe, Gerardo (2015): *La falacia*. Leiden: Bokeh.

— (2015): *Notas al total*. Leiden: Bokeh.

Fernández Larrea, Abel (2015): *Buenos días, Sarajevo*. Leiden: Bokeh.

— (2015): *El fin de la inocencia*. Leiden: Bokeh.

Ferrer, Jorge (2016): *Minimal Bildung. Veintinueve escenas para una novela sobre la inercia y el olvido*. Leiden: Bokeh.

Gala, Marcial (2017): *Un extraño pájaro de ala azul*. Leiden: Bokeh.

Garbatzky, Irina (2016): *Casa en el agua*. Leiden: Bokeh.

García, Gelsys (2016): *La Revolución y sus perros*. Leiden: Bokeh.

García, Gelsys (ed.) (2017): *Anuncia Freud a María. Cartografía bíblica del teatro cubano*. Leiden: Bokeh.

Garrandés, Alberto (2015): *Las nubes en el agua*. Leiden: Bokeh.

Gutiérrez Coto, Amauri (2017): *A las puertas de Esmirna*. Leiden: Bokeh.

Gómez Castellano, Irene (2015): *Natación*. Leiden: Bokeh.

Harding Davis, Richard (2018): *Notes of a War Correspondent*. Leiden: Bokeh, colección Mal de archivo.

Hernández Busto, Ernesto (2016): *La sombra en el espejo. Versiones japonesas*. Leiden: Bokeh.

— (2016): *Muda*. Leiden: Bokeh.

— (2017): *Inventario de saldos. Ensayos cubanos*. Leiden: Bokeh.

Hurtado, Orestes (2016): *El placer y el sereno*. Leiden: Bokeh.

Jesús, Pedro de (2017): *La vida apenas*. Leiden: Bokeh.

Kozer, José (2015): *Bajo este cien*. Leiden: Bokeh.

— (2015): *Principio de realidad*. Leiden: Bokeh.

Lage, Jorge Enrique (2015): *Vultureffect*. Leiden: Bokeh.

Lamar Schweyer, Alberto (2018): *Ensayos sobre poética y política. Edición y prólogo de Gerardo Muñoz.* Leiden: Bokeh, colección Mal de archivo.

Lukić, Neva (2018): *Endless Endings.* Leiden: Bokeh.

Marqués de Armas, Pedro (2015): *Óbitos.* Leiden: Bokeh.

Miranda, Michael H. (2017): *Asilo en Brazos Valley.* Leiden: Bokeh.

Morales, Osdany (2015): *El pasado es un pueblo solitario.* Leiden: Bokeh.

Morejón Arnaiz, Idalia (2018): *Una artista del hombre.* Leiden: Bokeh.

Méndez Alpízar, L. Santiago (2016): *Punto negro.* Leiden: Bokeh.

Padilla, Damián (2016): *Phana.* Leiden: Bokeh.

Pereira, Manuel (2015): *Insolación.* Leiden: Bokeh.

Ponte, Antonio José (2017): *Cuentos de todas partes del Imperio.* Leiden: Bokeh.

Portela, Ena Lucía (2016): *El pájaro: pincel y tinta china.* Leiden: Bokeh.

— (2016): *La sombra del caminante.* Leiden: Bokeh.

Pérez Cino, Waldo (2015): *Aledaños de partida.* Leiden: Bokeh.

— (2015): *El amolador.* Leiden: Bokeh.

— (2015): *La isla y la tribu.* Leiden: Bokeh.

— (2018): *El puente sobre el río cuál.* Leiden: Bokeh.

Quintero Herencia, Juan Carlos (2016): *El cuerpo del milagro.* Leiden: Bokeh.

Rodríguez, Reina María (2016): *El piano.* Leiden: Bokeh.

Rodríguez Iglesias, Legna (2015): *Hilo + Hilo.* Leiden: Bokeh.

— (2015): *Las analfabetas.* Leiden: Bokeh.

Saunders, Rogelio (2016): *Crónica del decimotercero.* Leiden: Bokeh.

Starke, Úrsula (2016): *Prótesis. Escrituras 2007-2015.* Leiden: Bokeh.

Sánchez Mejías, Rolando (2016): *Mecánica celeste. Cálculo de lindes 1986-2015.* Leiden: Bokeh.

Timmer, Nanne (2018): *Logopedia*. Leiden: Bokeh.

Valdés Zamora, Armando (2017): *La siesta de los dioses*. Leiden: Bokeh.

Vega Serova, Anna Lidia (2018): *Anima fatua*. Leiden: Bokeh.

Villaverde, Fernando (2016): *La irresistible caída del muro de Berlín*. Leiden: Bokeh.

— (2016): *Los labios pintados de Diderot*. Leiden: Bokeh.

— (2018): *Todo empezó en detritus*. Leiden: Bokeh.

Winter, Enrique (2016): *Lengua de señas*. Leiden: Bokeh.

Wittner, Laura (2016): *Jueves, noche. Antología personal 1996-2016*. Leiden: Bokeh.

Zequeira, Rafael (2017): *El winchester de Durero*. Leiden: Bokeh.